Para

alma gemela

*Las ediciones en español
publicadas por*

Blue Mountain Arts™

*A mi hija con amor
sobre las cosas importantes de la vida*
por Susan Polis Schutz

A mi hijo con amor
por Susan Polis Schutz

Adelante, niña... sigue soñando

Dios siempre está cuidándote

El amor entre madre e hija es para siempre

Las amigas son para siempre
por Marci

Para mi maravillosa madre

Para ti, mi alma gemela

Para una niña increíble/For an Incredible Girl
(Bilingual Edition)

Piensa pensamientos positivos cada día

Sólo para niñas

*Una hija es el mejor regalo
que nos dio la vida*

Para ti, mi
alma gemela

*Mensajes de amor
para compartir con una
persona muy especial*

Douglas Pagels

Artes Monte Azul™
Blue Mountain Arts, Inc., Boulder, Colorado

Número de tarjeta de catálogo de la Biblioteca del Congreso: 2010918603
ISBN: 978-1-59842-605-2

Artes Monte Azul es una marca comercial registrada en los EE.UU. y en otros países. Algunas marcas comerciales son usadas por licencia.

Hecho en China.
Segunda impresión en español: 2013

✪ Este libro se imprimió en papel reciclado.

Este libro está escrito en papel ha sido producido especialmente para estar libre de ácido (pH neutral) y no contiene madera triturada ni pulpa no blanqueada. Cumple todos los requisitos del American National Standards Institute, Inc., lo que garantiza que este libro es duradero y podrá ser disfrutado por generaciones futuras.

Blue Mountain Arts, Inc.
P.O. Box 4549, Boulder, Colorado 80306, EE.UU.

Índice

Eres mi alma gemela

Me hace feliz que seas parte de mi vida. Es un privilegio conocerte, compartir contigo, caminar a tu lado por los senderos que nos llevan hacia hermosos destinos.

Había escuchado hablar de las "almas gemelas", pero nunca supe que en verdad existieran —

hasta que te conocí.

De alguna manera, a pesar de las vueltas de la vida, a pesar de las oportunidades perdidas, es como si el destino nos hubiera deparado el momento de nuestro encuentro, que dio inicio a una relación tan especial.

Cuando estoy a tu lado, sé que estoy en la presencia de una persona que completa mi vida más de lo que jamás soñé.

Acudo a ti por confianza, y me la das. Acudo a ti por inspiración, respuestas y apoyo. Y, no sólo no me desilusionas nunca, sino que llevas mi espíritu y mis pensamientos hacia horizontes que desvanecen las preocupaciones y me hacen sentir una felicidad que vivirá en mí siempre.

Espero que tú también estés conmigo para siempre. Siento que tú eres mi alma gemela. Y quiero que sepas que mi universo se complementa contigo, en el mañana te necesito junto a mí, tantas de mis sonrisas dependen de ti, y mi corazón está lleno de gratitud porque tú estás junto a mí.

Cada vez que te digo que te amo...

Realmente, trato de decir mucho más que lo que expresan esas dos palabras; trato de decir tantas cosas maravillosas de ti. Trato de decir que para mí tú significas más que ninguna otra persona en el mundo.

Trato de que sepas que te adoro y que atesoro los momentos que pasamos juntos.

Trato de explicar que te deseo y te necesito y que me pierdo en pensamientos maravillosos cada vez que pienso en ti.

Y cada vez que susurro "Te amo", trato de recordarte que eres lo más hermoso que me ha dado la vida.

En toda forma imaginable

Si fuera a hacer una lista de todas las cosas que más me gustan de mi vida, esto es lo que diría:

Las cosas que más me gustan son...
Los días que paso contigo.
La increíble cercanía que disfruto contigo.
Las conversaciones que tengo contigo.
La intimidad que comparto contigo.
Y el futuro que deseo contigo.

Es bastante fácil de ver que...
todo termina "contigo".
Así es como ha sido desde que te conocí,
y así es como sé que será siempre.

En toda forma imaginable, tú eres lo que
me completa.

Tú eres con quien quiero estar, ahora y siempre

"Te amo con todo mi corazón."

No creo que nunca llegue a decirlo lo suficiente. Es un sentimiento que me acompaña donde quiera que vaya y es el que siempre despierta una sonrisa en mi interior.

Eres verdaderamente lo mejor que me ha sucedido en la vida. Nunca hubiera imaginado que podía ser tan feliz. No hubiera adivinado que sentiría tanta plenitud o que tendría tanta seguridad sobre el rumbo que quiero para mi vida.

Pero ahora sé que quiero estar contigo. No importa adonde nos lleve el camino, quiero que lo recorramos de la mano.

Espero que seamos siempre los mejores amigos y espíritus afines en todas las etapas por venir. Creo realmente que tú y yo somos almas gemelas y que las personas que son tan afortunadas, tan llenas de amor y tan favorecidas como nosotros siempre deben permanecer unidas.

Hay cosas en mi vida que no siempre tengo claras... pero éstas son tres cosas que sé con seguridad...

Tú eres la persona con quien quiero estar, esta es la relación en la que quiero estar y el nuestro es el amor que quiero que dure para siempre.

Si tu pudieses

Si pudieses ver tu reflejo en mis
ojos, verías a alguien que hace
que mi corazón sonría por dentro.
Vislumbrarías a alguien que ha sido
una influencia tan maravillosa en
mi vida y que sigue siendo lo más
hermoso de mis días.

Si pudieses oír las palabras que quisiera compartir, podrías oír un tributo especial a ti, uno que canta tus alabanzas, que habla de una gratitud sin fin y que describe cuanto te apreciaré siempre.

Si pudieses imaginar uno de los regalos más hermosos que se pueden recibir, comenzarías a entender lo que tu presencia en mi vida ha significado para mí.

Una nota afectuosa acerca de la persona que quiero ser para ti

Quiero ser muchas cosas para ti.
Quiero ser alguien que te recuerda
cada día cuánto amor siento por ti.
Quiero ser alguien que te hace feliz.

Quiero ser alguien en quien puedes confiar absolutamente todo: cada sentimiento que quieras compartir, cada esperanza y preocupación, cada alegría, cada tristeza. Quiero ser esa persona única en todo el universo a la que sabes que siempre puedes acudir.

Quiero ser alguien con quien puedes reír siempre que quieras, llorar si alguna vez lo necesitas, y simplemente expresarte con autenticidad... en cualquier momento. Quiero ser aquello en lo que puedes confiar.

Quiero ser alguien que te hace sonreír un millón de veces más de lo que te hace fruncir el ceño. Quiero crear hermosos recuerdos contigo. Quiero ir contigo a muchos lugares. Quiero ver más atardeceres contigo de los que puedo siquiera empezar a contar.

Quiero sentarme frente a ti en la cena. Quiero conversar sobre lo que pasó en el día. Quiero abrazarte y caminar contigo y agradecer en silencio por estar contigo cuantas veces pueda... mientras viva en esta tierra.

Quiero ser parte de tu futuro. Quiero que seas parte cada día del mío.

Y más que nada, quiero ser aquello en lo que piensas cada vez que piensas en la felicidad, la devoción y el amor.

Vuelvo a enamorarme de ti una y otra vez

Tengo la increíble suerte de que seas parte de mi vida.

Creo que lo más dulce que le puede ocurrir a alguien es hallar a esa persona especial que te hace sentir como si estuvieras viviendo un sueño hecho realidad.

Eso es lo que me pasa a mí. Es así, con cada sonrisa, cada caricia, cada recuerdo entre los dos.

Si cada día que pasamos juntos es un día que no quieres que llegue nunca a su fin... te habrás dado cuenta. Sabrás que el amor es verdadero, y que tienes un tesoro en las manos.

*Cada momento que pasamos
juntos, haciendo lo que hacen
aquellos que se aman y sueñan,
vuelvo a enamorarme de ti...
una y otra vez.*

*Podría pasarme la vida
enamorándome de ti...
y espero que sientas mi
gratitud por todas las cosas
increíblemente preciosas que
traes a mi vida.*

Yo sé que tú eres un verdadero don

Eres la persona perfecta para mí, todo aquello que siempre había deseado... mi sueño secreto que me transporta, hecho realidad.

Tienes en tu espíritu la tibieza del sol de la mañana, y el alma tierna que quiero tener por siempre junto a mí. ¡Te amo profundamente, de todo corazón y en plena dicha!

Apenas si puedo de alguna manera expresar cuánto valoro la intimidad exquisita que se nos ha otorgado. Es verdaderamente una bendición hermosa.

No habrá día ni momento en que no
agradezca esa dicha y esa ternura.
Yo sé que tú eres un verdadero don.

Y quiero que tú también lo sepas.

Tienes una manera tan extraordinaria de llegar a mi corazón y de transformar cada día en momentos y lugares en los que habitan los sentimientos más bellos y la gratitud más profunda.

Tengo una cantidad tan inmensa de agradecimiento y apreciación por todo ello.

Y si tú me lo permites... me encantaría continuar amándote para siempre jamás.

¿Lo que deseo de una pareja?

Deseo un lazo emocional estrecho. Deseo compartir contigo un hermoso puente, siempre presente, siempre abierto, seguro, que sea sólo de los dos.

Deseo comunión de pensamientos. Deseo las palabras que nos unan.

Deseo que me toques con un sentimiento que las palabras no puedan expresar. Deseo poder hablar de cosas vanas y de las más serias. Deseo conocerte tan profundamente como jamás se pueda conocer a alguien.

Deseo que las horas que pasamos juntos perduren en memorias más maravillosas de las que nunca he imaginado.

Deseo amistad. Deseo amor. Deseo gentileza. Deseo fuerza. Deseo la felicidad que el más grato sueño pueda prometer.

Deseo que me consideres tu refugio, y encontrar el mío en tus brazos.

Deseo una relación que crece sin cesar y continúa brindando lo mejor de sí.

He encontrado en ti lo que buscaba.
Y ahora, lo que más deseo es que
comprendas cuán grande es mi amor.

Tienes tantas cosas que nadie tendrá jamás

Tienes todo mi amor. Tienes mi admiración — por ser una persona tan increíble y preciosa. Tienes mi gratitud eterna — por la forma en que iluminas mi vida. Tienes mis esperanzas — deseando tiernamente que tú sepas cuánto me alegra que hayas entibiado mi mundo y hayas llegado a mi alma misma.

Tienes todo mi afecto. Tienes mis deseos y mis aspiraciones. Hasta tienes cosas que ninguna palabra define. Tienes palabras susurradas todas tuyas, pensamientos por ti inspirados y bendiciones que han llegado a lo más profundo de mi corazón.

Tienes páginas vacías en la historia de tu vida — páginas que desearía que escribamos juntos... llenándolas de los recuerdos que crearemos y de relatos que viajarán a nuestro lado y nos sostendrán ante lo que pueda ocurrir.

Tienes mi apreciación más tierna — por transportar mis sonrisas a lugares que mi corazón tan sólo había soñado.

Y tienes los deseos más hermosos que las estrellas y yo podemos desear, y mi plegaria de que algún día sabré agradecerte todo esto.

Gracias por
todas estas cosas

Los sentimientos más bellos que he conocido provienen de amarte.

Y quiero agradecerte por estos sentimientos.

Por traerme la dicha como un regalo que puedo abrir cada día ...te doy las gracias.

Por escuchar las palabras que quiero pronunciar... te aprecio.

Por permitirme compartir lo más personal de tu mundo y darme la bienvenida con tus ojos... te expreso mi gratitud.

*Por ser una persona maravillosa,
dulce y generosa ...te admiro.*

Por ser lo más hermoso de mi vida...
te deseo.

Por ser todo lo que tú eres para mí, y por
hacerlo todo tan bellamente ...te amo.

Pensamientos y reflexiones

Pienso en ti más que en ninguna otra cosa. A veces pienso en ti a propósito... para consolarme, para sentir esa calidez o simplemente para que mi día sea un poco más luminoso.

A menudo me sorprendes y apareces en mis pensamientos.

Hay veces en que me despierto y me doy cuenta con cuánta ternura has sido parte de mis sueños.

Y en el correr del día, cuando un momento de paz se cruza en mi camino y mi imaginación puede vagar sin fronteras, me lleva volando a tus brazos y me permite permanecer allí... sabiendo que no deseo otra cosa.

Sé que mis pensamientos sólo son el reflejo de las amorosas esperanzas de mi corazón... porque en su vagar siempre me llevan hacia ti.

Por siempre te amaré

Te amaré por toda la vida, pase lo que pase.

Quiero que nos elevemos por encima de los obstáculos que hacen que otros se separen. Quiero que siempre recordemos las cosas hermosas que nos unieron.

Quiero que miremos hacia adelante a todos los mañanas que nos esperan allí. Quiero que tengamos toda la fe que hace falta para saber que realmente podemos lograr que esto salga bien.

Pienso verdaderamente que tú y yo tenemos la oportunidad de ser tan felices como dos personas pueden serlo. Por eso, he aquí lo que deseo, y si pudiera pedir una sola cosa...

Pediría... que siguieras amándome.

Porque pase lo que pase, si mantenemos fuerte nuestro amor, todo lo demás siempre podremos solucionarlo.

Voy a estar allí para apoyarte, pase lo que pase

Cuando necesites acudir a alguien, estaré allí para apoyarte. Haré lo que sea que haga falta y daré tanto como pueda... para ayudarte a encontrar tu sonrisa y devolverte a tierra firme.

Cuando simplemente necesites hablar, escucharé con mi corazón. Haré todo lo que pueda para oír lo que tal vez quieras decir pero no puedas encontrar las palabras apropiadas para hacerlo.

Nunca traicionaré la confianza que depositas en mí. Todo lo que haré es seguir queriéndote y haciendo todo lo que pueda para ayudarte. Si hay decisiones que tomar, tal vez te ofrezca una orientación. Si hay lágrimas que secar, las secaré con ternura.

Quiero que sientas la comodidad completa para buscarme y pedir ayuda. Y nunca olvides esto: no podrías importunarme aunque lo intentaras. Es simplemente imposible.

Tu felicidad y tranquilidad están tan entrelazadas con la mía que son inseparables. Te querré verdaderamente, profundamente y completamente todos los días de mi vida.

Puedes contar con ello.

Espero que traiga un poco más de serenidad a tu vida el saber que no estás en soledad, y espero que alentará a que una nueva claridad brille en tus días.

No iré a ninguna parte. Te lo prometo.

A menos que sea para venir a tu lado y extenderte una mano... a ti.

Una pequeña historia de amor sobre "Tú y Yo"

Yo: Que tengo la suerte de tener esta conexión especial.

Tú: La persona maravillosa por la que siento tanta gratitud.

Yo: Alguien que tiene buenas intenciones, pero que no siempre hace las cosas bien.

Tú: Alguien que trae a mi vida tanta alegría y tanto aliento.

Yo: Que tengo un poco de inseguridad, un poco de incertidumbre y a veces un poco de locura.

Tú: Una ayuda enorme y una influencia calmante... todo el tiempo.

Tú: Sabes lo que me pasa por dentro mejor que cualquiera.

Yo: No existe nadie más en quien pueda confiar así y nadie a quien pueda acudir con tanta naturalidad.

Tú: En una escala de 1 a 10, donde 10 es lo mejor, por lo menos un 20.

Yo: Cuento las cosas buenas que me pasan y oigo tu nombre muchísimas veces.

Tú: *Una dicha estar contigo, pensar*
en ti, amarte con todo mi corazón y
simplemente hablar contigo.

Yo: *Tan increíblemente feliz de que existas.*

Tantas cosas
por las cuales sonreír

En el tiempo que hace que estamos juntos, has sido mi sol alzándose tantas mañanas — y tengo la seguridad de que fuiste tú quien hizo salir las estrellas por la noche.

Me has sorprendido con los dones de la esperanza y la risa y el amor, y me has hecho creer en que los sueños pueden hacerse realidad.

*Si hay momentos en los que me miras y
ves mis ojos llenos de sonrisas que parecen
reflejar tanto amor y gratitud, es porque mi
corazón está tan lleno de felicidad y porque...*

*en mi vida hay tanta gratitud...
por tenerte a ti.*

Acerca del autor

El exitoso autor y editor Douglas Pagels ha inspirado a millones de lectores con sus reflexiones y sus antologías. Nadie lo supera en su habilidad de abordar tantos temas profundamente personales y al mismo tiempo verdaderamente universales.

Sus escritos han sido traducidos a más de una docena de idiomas debido a su atractivo internacional y su visión inspiradora de la vida, y sus trabajos han sido citados por muchas causas valiosas y organizaciones caritativas.

Vive con su esposa en Colorado, con quien tiene hijos en edad universitaria y más allá. A lo largo de los años, Doug ha pasado gran parte de su tiempo como voluntario en el aula, como entrenador de básquetbol juvenil, como defensor de asuntos medioambientales locales, como viajero frecuente y como artesano, construyendo una cabaña en las Montañas Rocosas.